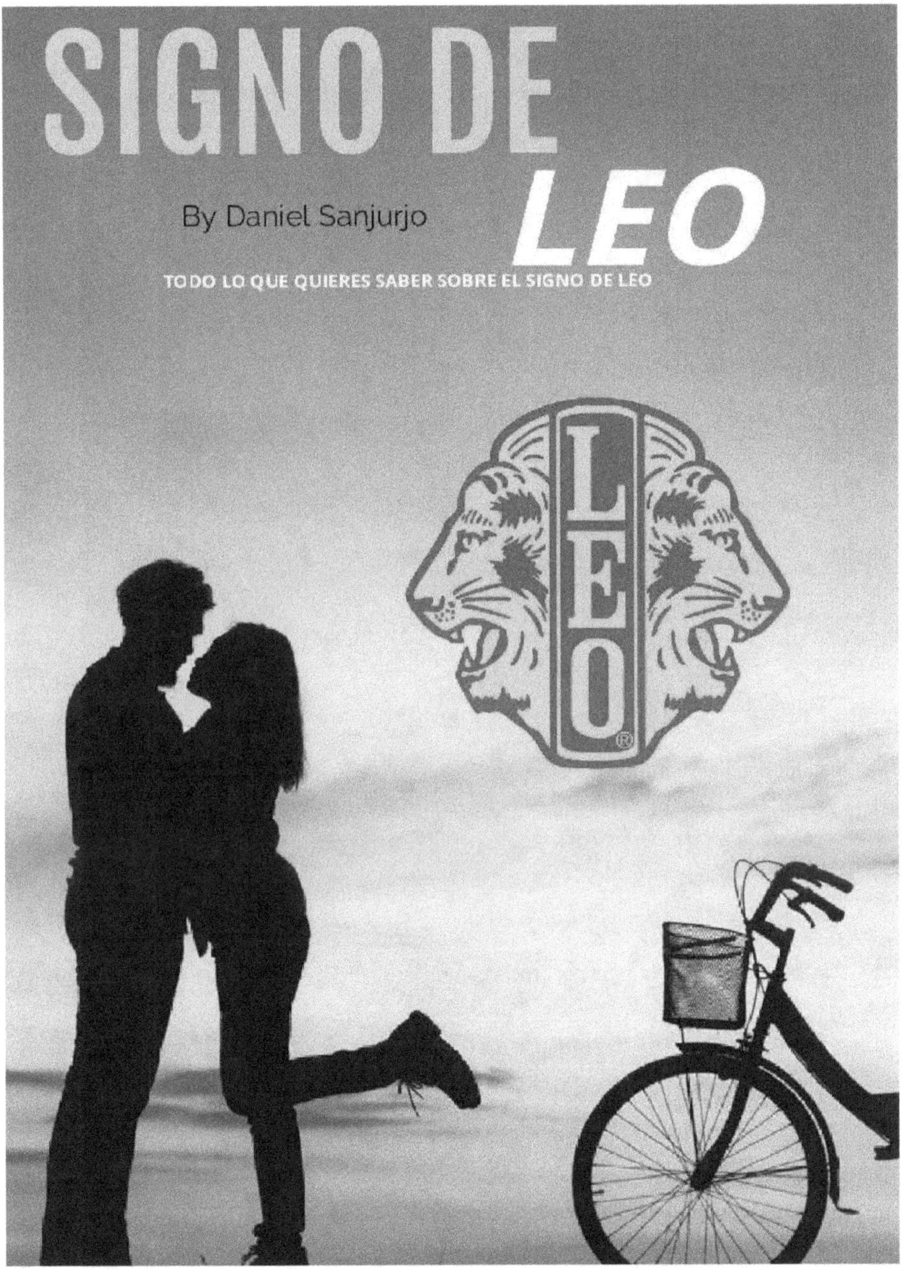
SIGNO DE
LEO
By Daniel Sanjurjo
TODO LO QUE QUIERES SABER SOBRE EL SIGNO DE LEO
LEO

Table Of Contents

Table Of Contents

Table Of Contents

Signo Leo

El signo Leo es generoso, creativo, fiel organizativo aúnque puede tender a ser
un poco mandón.

En esta página te contamos más cosas sobre los Leo, personalidad del signo,
compatibilidad con otros horóscopos, los secretos para conquistarles, sus virtudes y
fortalezas, sus debilidades, qué regalar a un Acuario, cuales son sus símbolos....

Leo

El símbolo de Leo es el Sol y está representado por una león, el rey de la selva.
Rrepresentado la fuerza, la creatividad, la generosidad, la grandiosidad y el dominio
sobre todas las cosas. Leo es un símbolo que pertenece al elemento Fuego, que
demuestra su temperamento enérgico, valiente y arrasador.

Se consideran **Leo los nacidos entre 23/07 - 22/08**

Características de Leo

Personalidad del signo Leo, ¿Cómo son los Leo?

Fechas Leo 23/7 - 22/8

Un Leo es generoso y bondadoso, fiel y cariñoso. Es creativo y entusiasta y comprensivo con los demás. Les gusta la aventura, el lujo y la comodidad. Un leo disfruta con los niños, el teatro y las fiestas. También le motiva el riesgo.

Descripción de Leo

Un leo es el signo más dominante del zodiaco. También es creativo y extrovertido. Son los reyes entre los humanos, de la misma forma que los leones son los reyes en el reino animal. Tienen ambición, fuerza, valentía, independencia y total seguridad en sus capacidades. No suelen tener dudas sobre qué hacer. Son líderes sin complicaciones - saben dónde quieren llegar y ponen todo su empeño, energía y creatividad en conseguir su objetivo. No temen los obstáculos - más bien crecen ante ellos.

En sus relaciones personales el leo es abierto, confiado y sincero. Dice lo que piensa, pero siempre es amable.
A los leo les cuesta acertar con las personas y muchas veces tienden a confiar demasiado en personas que no se merecen tanta confianza.
Les encantan las relaciones sexuales y suelen tener muchas parejas durante su vida. Son sinceros con su pareja mientras dura el amor, y les gusta su hogar, pero no son el signo más fiel del zodiaco.

Leo y el trabajo

Los leo tienen éxito en puestos de autoridad. Si entran en la política, solo quieren llegar a los puestos de mayor poder. Muchos leo llegan a ser directores de empresas. Son buenos gestores y son ambiciosos. Un leo artista puede convertirse en una gran estrella de la pantalla o el escenario. Los leo músicos suelen tocar grandes instrumentos, o dirigir las orquestas.

Conquistar a Leo

Consejos generales para conquistar al signo Leo:
Si quieres enamorar a un Leo no tendrás más remedio que dejarle creer que domina y lleva el mando de la relación.

Cómo enamorar a un Leo

Aprovecha su generosidad y bondad, pero no pongas en cuestión su mandato

Le gustará saber que eres una persona culta, inteligente y sensata. No le gusta estar con alguien menos inteligente que ellas.

Una tentación a la que no podrá resistirse es que lo: invites a algún sitio lujoso (hotel, restaurante, tienda) o que tenga relación con el poder. Le hace feliz y te dirá que sí.

Pregúntale directamente lo que interesa saber. Un leo suele contestar con sinceridad. Le gusta la gente directa, odia que den rodeos. No le gustan los falsos ni que se aprovechen de ellos.

Y un consejo: no seas vulnerable ante la infidelidad ya que el amor con un /a leo puede conllevar riesgos...

Ver también **Leo y el sexo | Compatibilidad de Leo con otros signos.**

Cómo conquistar a un hombre Leo

Los leo son dogmáticos, pero también necesitan mucho amor. Una de las formas más efectivas de seducir a un hombre leo es "adorándoles"..

El cava o un buen champagne pueden funcionar con un hombre Leo Valiente, decidida y con estilo puede ser una forma de ser irresistible a un Leo Sé directa, tanto como para decirle a él tus sentimientos y cómo le aprecias... tras unas copas de champán. Aparenta la mayor confianza en ti misma.

Cómo conquistar a una mujer Leo

Al igual que los hombres Leo, las mujeres Leo están dotadas de un gran ego; su orgullo es su vida y sus deseos una de sus señas de identidad. Cuando quiere algo, va y lo coge. No va a esperar mil años para conseguirlo.

Leo y el sexo

A los Leo hay, que empezar por proclamarles nuestra adoración y de esta forma habremos dado un gran paso. Para motivarse necesita saber, que el otro la desea de verdad.

Quizás unos dulces susurros en la oreja serán suficientes, para despertar el león, que llevan dentro.En todo caso recuerda antes de nada tener muy presente lo que hemos dicho en **Cómo conquistar a un Leo.**

En relación a este tema, Leo exige reciprocidad. Incluso si le das más, más recibirás. Por otra parte, también conviene tener cuidado y no herir el orgullo de un Leo en estos temas, de lo contrario lo perderás y te dará con la puerta en las narices.

Qué le gusta a Leo en la cama es: le encanta que le pillen por sorpresa, en lugares cómodos, con intimidad. Le gusta sentirse poseído y sentir la fuerza de su amante, pero también es romántico. Le gustan los mordiscos, los grititos , los azotes y el juego entre sábanas. Tiene un gran abanico de posibilidades en cuanto a las posturas.

Compatibilid sexual de los Leo:

Con los **Leo** los signos más compatibles son **Aries, Sagitario,** que son del elemento Fuego como ellos. Y también con **Géminis y Libra**, que son de Aire. Y con **Acuario**, que es su polo opuesto, siente muchísima atracción.

Regalos para Leo
¿Qué regalar a los Leo?

A las personas Leo les gusta jugar, impresionar y ser protagonistas. Cuánto mas grande y espléndido el regalo, más le gustará a Leo, porque para este signo las aparencia son tan importantes como el contenido.

Son personas muy generosas y les gustan, que los demás sean también generosos con ellos. Les atrae el oro - el color y el metal - y suelen pasar mucho tiempo en arreglarse para estar impecables y para gustarse a sí mismas.

Regalos para hombres Leo

- **Entradas** para ver el estreno de una obra de teatro en Londres.
- Participación en un **curso de arte** dramático.
- Un **curso de idiomas**.
- Una cesta de alimentos **delicatessen** - foie, caviar, jamón ibérico....
- Unos gemelos de oro con sus iniciales grabados.
- Un maletín negro de piel.
- Una corbata de seda.
- Un reloj Rolex.
- Un karaoke.
- Unas **clases** de cata de vino en su casa, con un sumiller profesional y para él y algunos buenos amigos.
- Una pluma.
- Una botella de **vino** Vega Sicilia o un vino de selección.
- Unos **pañuelos** con su nombre bordado.
- Un marco de fotos de plata.
- Una cámara digital.
- Una cartera de piel.

Regalos para mujeres Leo

- **Joyas:** cualquier joya llamativa, pero sobre todo los collares, los pendientes y los anillos.
- **Bisutería** - también les gusta a las mujeres Leo la bisutería, sobre todo si es elegante y llamativa.
- **Lencería** fina, si es posible de marca.
- Un coche descapotable.
- Un gran jarrón de cristal con un arreglo de flores exóticas.
- **Entradas** para la ópera.
- Artículos de **ropa** en colores muy fuertes - rojo, lila, dorado....
- Un **viaje** a Las Vegas, Paris, New York...
- Una **caja de pinturas al óleo** y un libro para aprender a pintar.
- Un **juego de té** de porcelana fina.
- Unos **bombones** gourmet.
- Unos **portavelas** muy altos con unas velas altas a juego
- Un **pañuelo** de seda.
- Diamantes, perlas.
- Una figura de Lladró.

Símbolos de Leo

El expresivo Leo es un **signo de Fuego**, creativo, generoso y grandioso. Para los nacidos entre(21/7 - 21/8).

Leo es el **actor** y *showman* del zodiaco. Leo es gobernado por el **Sol**. Su símbolo es el **León**.Su emplazamiento natural es **la quinta casa,** la casa de los niños y el ocio.

showman

Colores, Piedras, Metales, Árboles y Flores de Leo

- **Colores**: Un único color, el oro.
- **Piedras**: Rubí, diamantes y jacinto.
- **Metal**: Oro.
- **Árboles**: Palmeras, cítricos y rododendros.
- **Flores**: Girasol y potentilla.

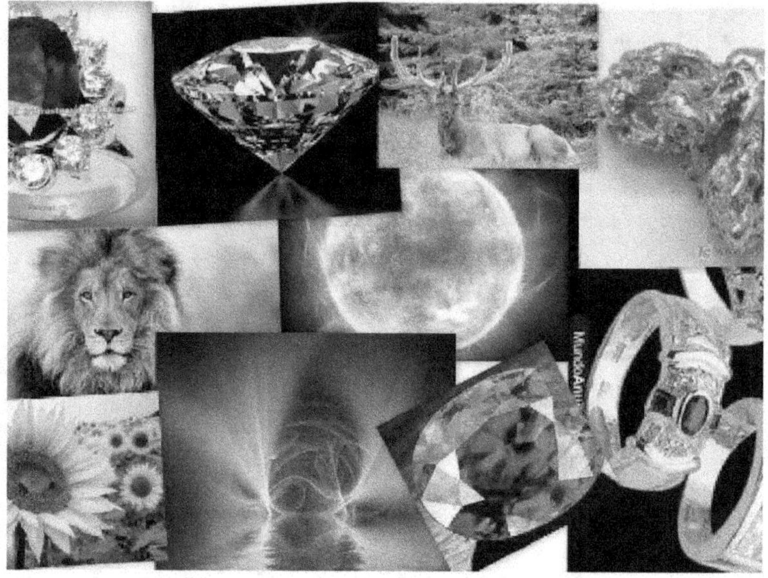

Leo y el Reino Animal

Leo y el Reino Animal

El León.

El rey de la selva, se rige por el zodiaco signo de Leo. Magnífico, real, y poderoso, el León camina por el desierto y puede transformar su fuerza en un peligroso y violento ataque a su presa en cuestión de segundos. Este animal es uno de los más respetados y exige atención dondequiera que se ve. Es su propia naturaleza simbólica la que hace que el León sea un tótem ideal que expresa fuerza, y protección, y proyecta su imagen de un guerrero lleno de energía y confianza.

El Alce.

El Alce con sus diez pies de altura y cinco pies de largo hace de este animal una figura imponente, emisor una fuerte señal de llamada al inicio de la época de apareamiento, y tiene la fuerza y aguante para mantener un trote rápido durante largos períodos de tiempo. Las astas del alce tienen un significado popular: la fuerza de la libido. El alce se convierte en un tótem ideal a utilizar cuando se trabaja para solucionar problemas como la infertilidad y la impotencia y cuando uno desea aumentar su resistencia y aguante.

El Robin

El Robin es un alegre pajarito de color rojo en el pecho aparece como uno de los primeros signos de la primavera. Este 'sol" de pajarito es también gobernado por el Leo. Se pueden encontrar en parques, patios, campos de cultivo y bosques abiertos... en todos los lugares donde es bienvenida un poco de alegría. Como un tótem, el Robin inspira confianza, afirmación de sí mismo y sensación de libertad, expresión de un espíritu libre.

Personajes célebres que son Leo:

José Luis Rodríguez Zapatero, Madonna, Jennifer lopez, Sean Penn, Magic Johnson, Neil Armstrong, Sandra Bullock, Pete Sampras, Steve Martin, Napoleón Bonaparte, Ben Affleck, Mae West, Robert Redford, Bill Clinton, Mick Jagger, Robert de Niro, Antonio Banderas, Melanie Griffith, Patrick Swayze.

Compatibilidad Aries y Leo

Aries y Leo. Fuego + Fuego

La atracción inmediata entre Aries y Leo es muy fuerte y tanto Aries como Leo se crecerán en compañía uno del otro y querrán conocer mejor a su pareja a todos los niveles, físicamente, mentalmente, emocionalmente e incluso, espiritualmente. Por lo tanto, **la compatibilidad entre Aries y Leo es altísima.**

Ambos son signos de fuego, lo cual puede dar lugar a algunas confrontaciones y a un choque de egos. Sin embargo, la compatibilidad es alta y Aries y Leo compartirán una gran vida social y una relación de compromiso sentimental a largo plazo, si consiguen compartir el protagonismo.

Tanto **Aries como Leo son individuos impulsivos**, con una gran creatividad, por lo que ambos están en condiciones de entender y apoyar las ambiciones del otro. Si los dos se ayudan mutuamente, ambos conseguirán alcanzar sus objetivos individuales a largo plazo.

Ambos pueden formar también un gran equipo de trabajo si se las arreglan para complementar las habilidades del otro en lugar de competir entre sí.

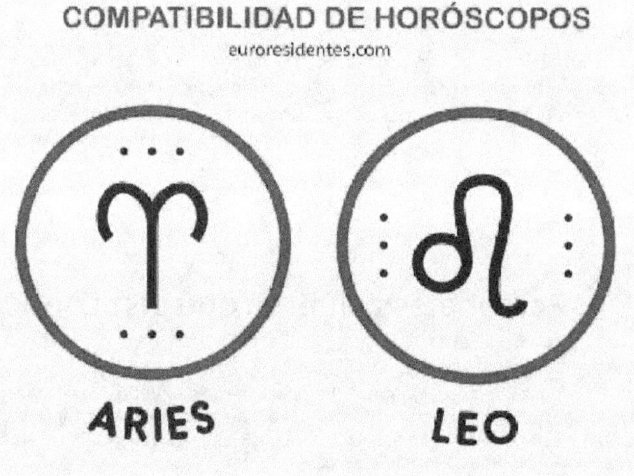

17

Aries y Leo son los signos más orgullosos del zodíaco y a ambos les gusta dominar la situación. De ahí, que para que esta combinación funcione a largo plazo, la pareja deberá construirse sobre la base del respeto mutuo, y con una planificación cuidadosa, de modo que ambos miembros de la pareja tengan la oportunidad de tomar decisiones por igual. No obstante, puede resultar imposible evitar el choque de deseos e intentos de dominar al otro.

Desde el punto de vista de **las relaciones sexuales,** se trata de una combinación extremadamente compatible. Ambos signos estarán deseando imponerse complaciendo al otro, por lo que se asegurarán de cubrir las necesidades más profundas de su pareja.

Ver Aries y sexo y Leo y sexo

Los Leo más compatibles para esta combinación son los nacidos entre el 13 y el 23 de Agosto, debido a que este periodo está regido por Aries y, de ese modo, ambos miembros de la pareja se verán reflejados en el otro.

Compatibilidad Escorpio y Leo

Escorpio y Leo. Agua + Fuego

La compatibilidad entre Escorpio y Leo es bastante baja. La atracción es enorme, pero el choque fuertes caracteres más. El romántico Leo, un Signo de Fuego, es autosuficiente y seguro y un amante ardiente, lleno de encanto personal y magnetismo físico...Un reto maravilloso. A pesar de su bravuconería, el intrépido pero sincero Leo se verá fascinado al instante por las estrategias de Escorpio y su legendario ingenio.

En cuanto a **su relación sexual,** la combinación de Fuego y Agua genera bastante vapor como para accionar una turbina. **El entusiasmo y la pasión de Leo** han de ser devueltos en la misma medida, pero la **sexualidad de Escorpio es profunda,** acaparadora e intensa, por lo que no habrá ningún problema.

A Leo le encanta brillar, por lo que **el sexo será una exhibición orgullosa**; además, le encanta reunir trofeos. Escorpio busca la transformación a través de la experiencia sexual y raramente se toma la búsqueda a la ligera. Regido por Marte, el Dios de los actos primitivos y Plutón, el Señor del Inframundo, Escorpio mezcla la pasión primaria con una necesidad profunda de desvelar los misterios de la vida y la muerte, especialmente los sexuales.

Tanto **Leo como Escorpio son Signos Fijos**, estrechamente ligados al valor, la determinación y la resistencia, pero no a la sutileza. El **enfrentamiento de dos egos fuertes**, aunque totalmente diferentes, puede originar conflictos importantes al intentar Leo dar órdenes a Escorpio o entrometerse en sus espacios privados. Estas colisiones se pueden **resolver con explosiones de pasión**, al menos en las primeras etapas, mientras las turbinas están en funcionamiento y a toda máquina.

La mayoría de los **felinos tienen una actitud positiva hacia el amor** y **el sexo**, pero muchos padecen terribles ataques de ansiedad en una relación. La ansiedad sexual puede llegar a ser tan intensa en algunos casos como para generar frigidez o impotencia. En una relación, a Leo le gusta ser el centro, el punto en torno al que todo gira. El caso es si Escorpio podrá aguantarlo.

Leo puede ser celoso, normalmente por orgullo, mientras que los celos temperamentales de **Escorpio** surgen de su profunda **necesidad de controlar**. El León no es un blandengue y pronto enseñará sus formidables garras si se siente frustrado.

Leo se cansará pronto de cualquier posesividad y celos malhumorados. Y Escorpio se cansará del juego y ya no estará tan dispuesto a halagar el ego de Leo o aceptar el deseo sin fin de dominar de la bestia. ¿Podrá Escorpio con la constante extravagancia y escalada social desvergonzada de Leo?

Si un Escorpio se enamora de un Leo, convendría pedir una comparación completa de sus cartas astrales para ver si hay otros factores menos explosivos. Unas lunas bien situadas podrían permitir, que ambos vivan y trabajen juntos, si no en armonía, al menos, con un sentido de destino y consecución (y buen sexo). Si se logra aprovechar la turbina de vapor, se podría suministrar energía a comunidades enteras. Si no, es mejor tapar las heridas y tomar otra dirección.

Consejos para hacer la pareja formada por Escorpio y Leo funcione

Una relación entre Escorpio y Leo podría funcionar si ambos tienen claros sus sentimientos e intenciones desde el primer momento, establecen unas reglas del juego y saben que su pareja puede ser realmente fiel.

Compatibilidad Capricornio y Leo

Capricornio y Leo. Tierra + Fuego

Capricornio y Leo son una pareja muy improbable, pero a veces esta combinación puede funcionar muy bien. **Parece haber una conexión kármica entre ambos,** especialmente si están conectados por una relación familiar. Si ambos dejan a un lado su orgullo y trabajan juntos por un fin común, podría ser una relación muy gratificante. **Su grado de compatibilidad podrían ser bueno.**

Leo está regido por el Sol y tiene un sentido natural de orgullo y dignidad. El León o la Leona quiere tener buen aspecto para el resto del mundo y apreciará los elevados estándares de la naturaleza conservadora y sólida de Capricornio. **La dignidad y el aspecto serio de Capricornio suele ganar el respeto de Leo...** Y cuando alguien se gana el respeto de Leo, puede tenerlo comiendo en su mano indefinidamente. De hecho, Capricornio parece ser capaz de manejar al prepotente

COMPATIBILIDAD DE HORÓSCOPOS

euroresidentes.com

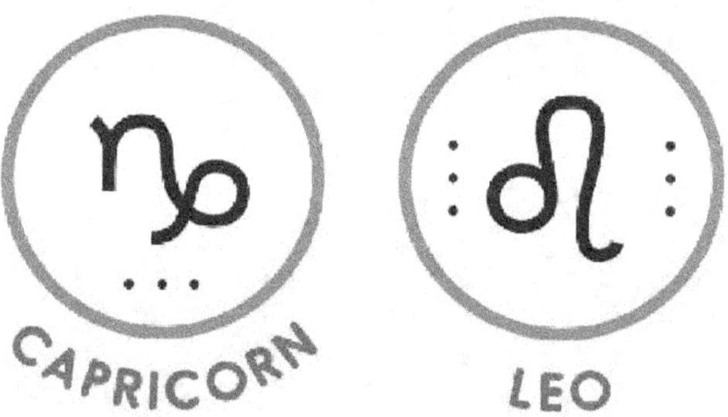

Leo mucho mejor que la mayoría, logrando que hagan la parte de trabajo que les corresponde mientras continúan ronroneando de satisfacción. **Leo suele mira el lado positivo de la vida y puede animar a Capricornio** cuándo este se ve afectado por la tristeza Saturnina. A cambio, la naturaleza realista y práctica de Capricornio es el antídoto perfecto para los momentos en los que la cabeza de Leo se pierde en las nubes.

Puesto, que Leo es un signo de Fuego impulsivo y emocional y Capricornio es un signo de Tierra práctico y controlado, **ambos tendrán que aprender a respetar y tolerar sus diferentes temperamentos**. Leo puede cansar a Capricornio con su desenfrenado entusiasmo y sus legendarias pataletas, mientras que Capricornio probablemente asfixie a Leo con su humor pesimista y sus ideas anticuadas.

Los dos tienen el poder de destruirse mutuamente si no aprenden a apreciar y valorar las diferentes cualidades, que cada uno de ellos aporta a la relación. Como signo Cardinal, Capricornio ha nacido para liderar. Leo es un signo Fijo y no le importará que Capricornio tome el liderazgo, siempre y cuando sea él quien dirija por detrás. **Juntos pueden ser un equipo formidable...** si deciden que vale la pena el esfuerzo de trabajar juntos.

Esta no es la combinación más fácil del Zodíaco y funciona mejor cuándo se dan más aspectos armoniosos entre la Luna y el Ascendente. Cuándo los dos quieren que funcione, puede ser una relación muy sólida. De lo contrario, puede que no valga la pena.

Consejos para hacer que funcione:

La conexión amorosa entre Leo y Capricornio será mejor si los dos se encuentran en el mismo tipo de negocio y pueden dirigir el mundo juntos, persiguiendo constantemente sus sueños conjuntos.

Compatibilidad Tauro - Leo

Tauro y Leo. Tierra + Fuego

La compatibilidad entre Leo y Tauro es alta, siempre y cuando los dos signos asuman sus diferencias y las gestionen de forma inteligente y evitando su habitual terquedad. **La terquedad de los Tauro** también forma parte de las características de Leo. Ambos poseen una gran determinación y se aferran a una decisión una vez que la han tomado. Esta combinación zodiacal mostrará, muy probablemente, signos de **permanencia, firmeza y devoción,** a pesar de producirse fuertes peleas en ocasiones.

Sin embargo, sus distintas disposiciones personales y su incompatibilidad de gustos puede dar lugar a algunos problemas. **Leo es un RRPP,** le encanta tener público, ganarse su atención y es bastante extravagante. Por otro lado, **Tauro es un poco reservado** y prefiere estar solo con la gente con la que tiene un trato más estrecho. Tauro puede ver a Leo demasiado exagerado, mientras que Leo se puede aburrir con Tauro.

No obstante, si hay suficiente amor en la relación, **Leo podría hacer que Tauro aprenda a desenvolverse con más soltura en los eventos sociales**, dejando el protagonismo a su pareja, mientras recibe, a su vez, un poco de reconocimiento y respuesta a su inversión emocional.

En este caso, la relación de pareja podría funcionar excepcionalmente bien. Tauro admirará el carisma que tiene socialmente Leo y Leo respaldará a Tauro socialmente. Leo posee un elemento protector y se compromete profundamente a atender a su pareja y su familia. Tauro se sentirá atraído por su lealtad y disfrutará al recibir la seguridad, que necesita.

Los dos muestran gran **compatibilidad también en cuanto a pasión y romance**. En el aspecto físico, Leo desata el deseo sexual de Tauro, pero por momentos, esto puede primar y Tauro puede sentir que sus necesidades emocionales no están siendo suficientemente atendidas.

Ver: Tauro y el sexo y Leo y el sexo.

Los Leo más compatibles para esta combinación son los nacidos entre el 23 de Julio y el 4 de Agosto y entre el 15 y el 22 de Agosto: los Tauro más compatibles son los nacidos entre el 30 de Abril y el 10 de Mayo.

Compatibilidad Leo - Leo

Leo y Leo. Fuego + Fuego

Cuándo dos Leo se conocen, las llamas del amor y los rugidos de pasión hacen que toda la jungla tiemble de delicia. Leo, el León es el monarca del Zodiaco y la combinación real es observada con entusiasmo por los demás, ya que se exhibe para, que todos la vean. **Su grado de compatibilidad es altísima.**

La atracción es instantánea y el idilio es ardiente. El Sol el el regente de Leo, por lo que la estrella central de nuestro sistema solar, que gobierna el corazón, **brilla de forma grandiosa con su amor**. Intrépido, aventurero y colorista, Leo es una combinación natural para otro Leo, aunque hay que lograr cierto compromiso, puesto que es difícil para un Leo tener que compartir el centro de atención o sentarse en el trono al mismo tiempo.

A Leo le encantará el regio y magnífico sentido de concienciación social, interés por la sociedad y habilidad natural para dirigir de su pareja. Leo puede ser mandón, vanidoso y exigente, también puede ser posesivo (por orgullo y necesidad de ser el centro de atención), pero **siempre es leal y sincero, y siempre cuida la fidelidad.** Por ello ambos deben rodearse de una corte de sirvientes como es debido y, así, tener adulación de sobra alrededor.

Algo que hay que recordar: Leo es un Signo Fijo, por lo que **los conflictos de ego entre los dos Leones pueden ser tempestuosos.** La mejor solución (sin ser la de habitar en cuevas separadas) es la de delimitar claramente el territorio de cada uno, de modo que las responsabilidades y los beneficios se compartan por igual. Dos Signos de Fuego pueden realmente iluminar el cielo.

El sexo también es una especie de necesidad visceral para ambos y, afortunadamente, a los dos les gustan las mismas cosas, por lo que incluso si la vida amorosa no es particularmente imaginativa, al menos será ardiente y satisfactoria. Suavizar cualquier conflicto superficial de personalidad, ya que a un nivel más profundo, los dos coincidirán muy bien. Pueden surgir aspectos competitivos entre ambos en deportes u otras actividades físicas, ya que ambos odian perder, así que conviene que lleguen a algún acuerdo en el tenis. Las tensiones también se puede calmar en reuniones sociales, de modo que ambos puedan brillar. Las fiestas de los Leo darán que hablar en la ciudad.

Juntos hacen un gran equipo, pero si uno de ellos no puede conseguir bastante cooperación o a alguno de ellos le molestan los intentos del otro de gobernar, habrá problemas. Necesitan un grupo de admiradores subordinados a su alrededor, que les proporcionen un entorno de esplendor mutuo. Esta **relación será apasionante y potencialmente duradera,** sobre todo si pueden encontrar intereses externos en común, ya que los dos pueden ser muy tercos y mostrarse determinados a seguir su propio camino. Si entienden las fortalezas y debilidades del otro (que son las mismas que las suyas), nada podrá pararlos.

Consejos para hacer que funcione

Una relación entre dos Leo a largo plazo dependerá de que los dos sean capaces de compartir el poder y recuerden halagar a su pareja tanto les gustaría para sí mismos. Ver: **Leo y sexo.**

Compatibilidad Leo y Libra

Leo y Libra. Fuego + Aire

El sabroso mejunje de Libra, la Balanza, y Leo, el León, es exquisito. Libra es el punto focal de la elegancia en el zodiaco. Regido por Venus, el planeta del amor y el placer sensual, Libra busca una relación con una ferviente fascinación. Libra vive para el amor y el estilo. Leo es intrépido, brillante y muy animado. **Tienen un nivel de compatiblidad muy alto.**

El optimismo positivo y alentador de Leo hace, que haya mucha diversión a su alrededor. A Leo le encanta ser el centro de atención, pero también es un gran actor y tiene una fortaleza de gran corazón, condimentada con generosidad y una pizca de egocentrismo. Libra puede añadir algunos aromas creativos a la mezcla, aportando estilo y empuje

A Leo le encanta la pose artística, elegante y tranquila de Libra, y a Libra le fascinan las ganas de vivir y el seguro aire de mando de Leo. El enfoque juguetón e imaginativo de Libra ante el amor combina a la perfección con el brío y la energía de Leo.

Los dos son muy románticos y la armonía sexual será deliciosa. La sensualidad intrépida de Leo pone en llamas la Balanza, por lo que la temperatura en la habitación será muy muy alta. El tolerante **Libra busca complacer** y ve las relaciones sexuales como un arte en el que, naturalmente, los dos sobresalen. No obstante, crear el entorno adecuado para el amor es muy importante, y un fallo en eso por parte de Leo conducirá, probablemente, a una rápida, aunque decorosa, retirada de Libra.

Regido por la sensual Venus, la Diosa del amor, el placer y el arte, Libra tiende a centrarse más en la belleza, la armonía y el equilibrio. **Ambos comparten un amor por el lujo, la fiesta** y por crear un hermoso hogar. Sin embargo, el sentido de la justicia social es fuerte, por lo que ambos pueden formar un gran equipo, no sólo para la satisfacción de ambos, sino también para el beneficio de muchos, ya que Libra es el cortesano ideal en la corte de Leo.

El aire estimula al Fuego y le ayuda a crecer y desarrollarse. Libra es un signo de Aire y Leo un signo de Fuego, por lo que **la relación será muy dinámica** y puede llevar a Leo a lugares, que antes sólo había soñado. Leo imagina que es la luz que guía en este viaje, pero Libra parece sostener las riendas, aunque con un tacto ligero y suave. La energía de los dos resulta mutuamente estimulante y Libra es lo suficientemente inteligente como para dejar bastante libertad e independencia a Leo, dándole margen de maniobra.

El creativo **Libra**, un Signo Cardinal, **aportará** rápidamente **ideas nuevas** y sitios nuevos a los que ir, pero con la misma rapidez cambiará de enfoque y apuntará hacia una nueva dirección. La fuerza de voluntad y la seguridad de Leo es lo que Libra necesita para estabilizar esa interminable necesidad de sopesar las cosas antes de tomar finalmente una decisión firme.

Los dos disfrutarán del otro y se apreciarán mutuamente. Esta vigorizante y satisfactoria combinación es una unión perfecta.

Compatibilidad Leo - Piscis

Leo y Piscis. Fuego + Agua

Leo se sentirá atraído por el sexy, pero vulnerable, Piscis. Piscis también se siente atraído por el León, al percibir que Leo tiene un corazón cálido y una fuerza interior que puede estar ahí para él cuando los terrores de la noche acechen. **Su compatibilidad y complementariedad pueden ser muy grandes.**

Dado que Leo es un Signo de Fuego y Piscis es un Signo de Agua, el **entorno sexual puede llegar a ser también muy erótico.** Leo, sin duda, disfrutará de la atención, y Piscis se sentirá especial por haber sido elegido por el Rey (o la Reina) de las Bestias. Piscis, un Signo Mutable de Agua, disfruta de la regencia del afortunado Júpiter y el imaginativo Neptuno. Esta característica expansiva da a Piscis un amor por la fotografía, el glamour y la fantasía, aunque también puede producir un temerario incurable.

Dado que Leo solo es feliz estando en el centro del candelero, un toque de admiración (concretamente, el hecho de que Piscis centre toda su atención en Leo), les llevará a un **intercambio de energías mutuamente satisfactorio,** al menos por un tiempo. **Piscis es muy ingenioso y complaciente en la cama,** lo cual resulta apasionante al principio, pero un comportamiento muy exótico podría llegar a ser un poco desagradable para Leo si se lleva demasiado lejos. **Leo es verdaderamente extravagante y le encanta dominar.** Su rugido estremecerá a Piscis, pero cuándo éste adopte una pose sumisa, la inclinación de Leo podría ser pronto la de gruñir y atacar a la yugular.

Dado que Leo solo es feliz estando en el centro del candelero, un toque de admiración (concretamente, el hecho de que Piscis centre toda su atención en Leo), les llevará a un **intercambio de energías mutuamente satisfactorio,** al menos por un tiempo. **Piscis es muy ingenioso y complaciente en la cama,** lo cual resulta apasionante al principio, pero un comportamiento muy exótico podría llegar a ser un poco desagradable para Leo si se lleva demasiado lejos. **Leo es verdaderamente extravagante y le encanta dominar.** Su rugido estremecerá a Piscis, pero cuándo éste adopte una pose sumisa, la inclinación de Leo podría ser pronto la de gruñir y atacar a la yugular.

Piscis es idealista, incluso místico, y ambos causan intriga en el otro por la fascinación de la diferencia. No obstante, Leo deberá tener cuidado de no abrumar a esta extraña y cautelosa criatura, dado que la activa **naturaleza extrovertida de Leo no encaja demasiado bien con la introspección del soñador Piscis.** Piscis también puede ser bastante engañoso, incluso deshonesto en ocasiones, lo que no encaja particularmente bien con el carácter orgulloso y positivo de Leo.

Leo podría cansarse de la constante necesidad de demostración y **reafirmación de amor de Piscis.** Después de todo, ¿quién es la figura central de la relación? No es una unión fácil. Necesitarán comprometerse más de lo que están acostumbrados. Lo ideal sería encontrar alguna **causa común en la que enfocar sus energías,** ya que la relación por sí sola podría no ser suficiente para Leo, aunque la sensibilidad y aguda comprensión de las relaciones que tiene Piscis vaya bien con el espíritu generoso de Leo. Requerirá una compatibilidad Lunar muy fuerte, entre otros factores, para perdurar en el tiempo.

Consejos para hacer que funcione:

Para que el amor entre Piscis y Leo funcione tendrán que recordar qué les unió en un principio. Leo tendrá que ser más comprensivo con los sentimientos de Piscis y éste tendrá que respetar el deseo de Leo de gobernar en la jungla.

Nota agradecimiento del autor

En los momentos más difíciles que nos toca vivir es cuando más necesitamos del apoyo de nuestros amigos porque en cierto modo nos esperanzamos en ellos de que no nos fallarán y estarán dispuestos a brindarnos su compañía, darnos los consejos más acertados, apoyarnos con su solidaridad y cariño incondicional.

Contar con el **apoyo de un buen amigo** es algo muy valioso y debemos aprender a reconocer a un buen amigo que es incondicional con nosotros.Aunque ellos lo que hagan por amistad no lo hacen esperando nada a cambio no está demás que le demuestres tu reconocimiento y consideración con unas **palabras de gratitud** como las que a continuación te presentamos.

Si fùe de tu agrado este libro puedes apoyarnos haciendo un click en me gusta de Facebook, twitter,ademàs si deseas puedes colaborar con este portal enviando tus originales mensajes y cartas de agradecimiento por ayuda y serán publicados otros internautas como tú, te lo agradecerán .

GRACIAS

TUS COMENTARIOS SON
Bienvenidos.

Tienes preguntas contáctanos
Nuestro canal de **YouTube**
Email: DANNYSANJURNNY@GMAIL.COM